Taoki

et compagnie

Méthode de lecture syllabique

CP

Cahier d'écriture

Isabelle CARLIER
Professeure des écoles

Angélique LE VAN GONG
Professeure des écoles

istra

hachette s'engage pour l'environnement en réduisant l'empreinte carbone de ses livres. Celle de cet exemplaire est de :

0,7000 kg éq. CO₂

Rendez-vous sur www.hachette-durable.fr

PAPIER À BASE DE FIBRES CERTIFIÉES

ISBN : 978-2-01-394781-7

Sommaire

a
a

❶ Je m'exerce.

 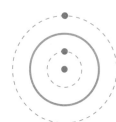 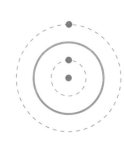 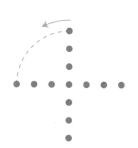

❷ J'observe la lettre et j'écris.

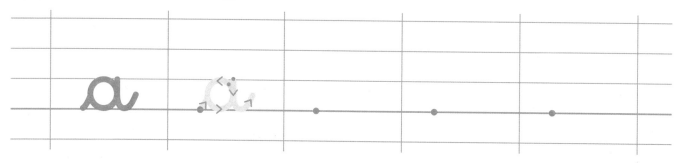

❸ J'écris la lettre.

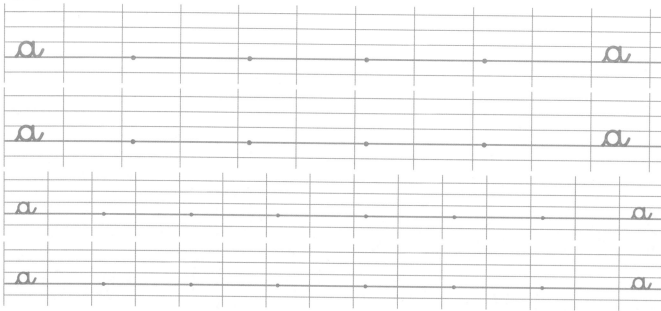

❹ Je complète les mots.

Toki   Toki   Toki   Toki

i

❶ Je m'exerce.

illiillii

❷ J'observe la lettre et j'écris.

i   i   .   .   .

❸ J'écris la lettre.

i   i

i   i

i   i

i   i

❹ Je complète les mots.

Taok   L l   Taok.   L. l.

y

❶ Je m'exerce.

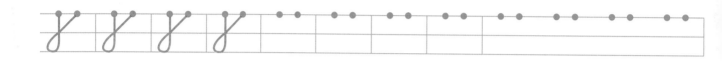

❷ J'observe la lettre et j'écris.

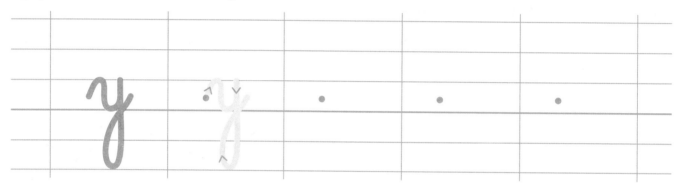

❸ J'écris la lettre.

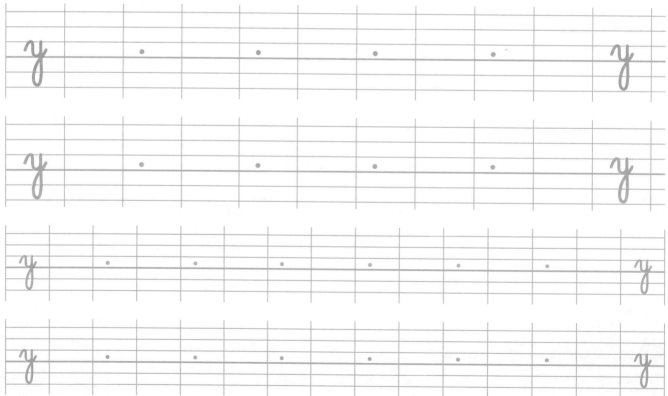

Date :

❶ Je m'exerce.

❷ J'observe la lettre et j'écris.

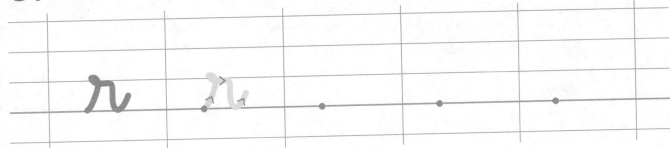

❸ J'écris la lettre.

r · · · · r

n · · · · n

❹ J'écris la syllabe et le mot.

ri · · · · ri

un ara ·

❺ J'écris les mots outils.

il y a ·   un ·

Date :

❶ Je m'exerce.

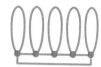  

lllllll

❷ J'observe la lettre et j'écris.

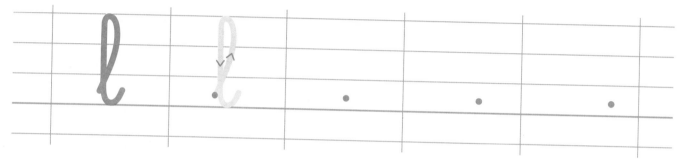

❸ J'écris la lettre.

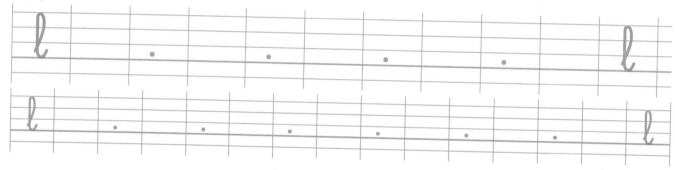

❹ J'écris la syllabe et le mot.

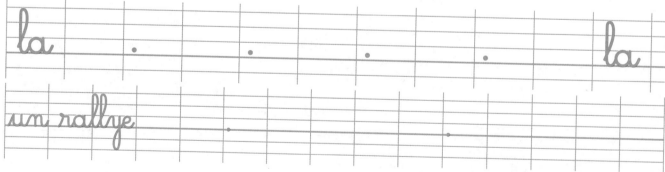

la   la

un rallye

❺ J'écris les mots outils.

elle   est

Date : _____

1 Je m'exerce.

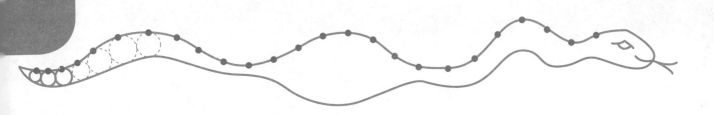

2 J'observe la lettre et j'écris.

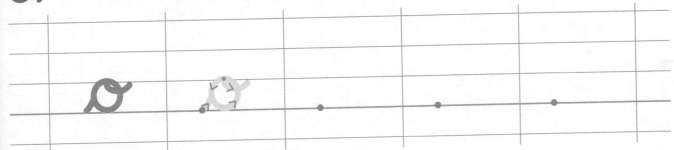

3 J'écris la lettre.

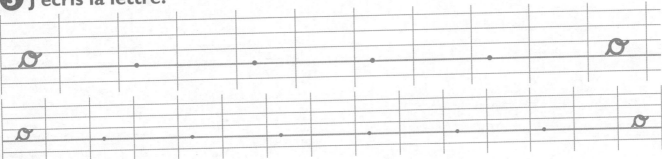

4 J'écris les mots.

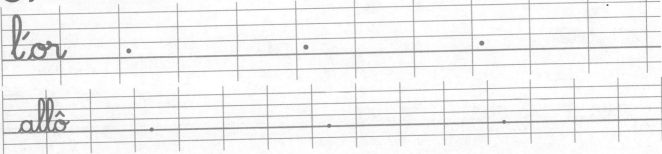

l'or

allô

5 J'écris les mots outils.

de   le   sans

Date :

1 Je m'exerce.

2 J'observe la lettre et j'écris.

e   e

3 J'écris la lettre.

e   e

e   e

4 J'écris les mots.

l'allée

l'orée

5 J'écris les mots outils.

c'est   une   dans

❶ Je m'exerce.

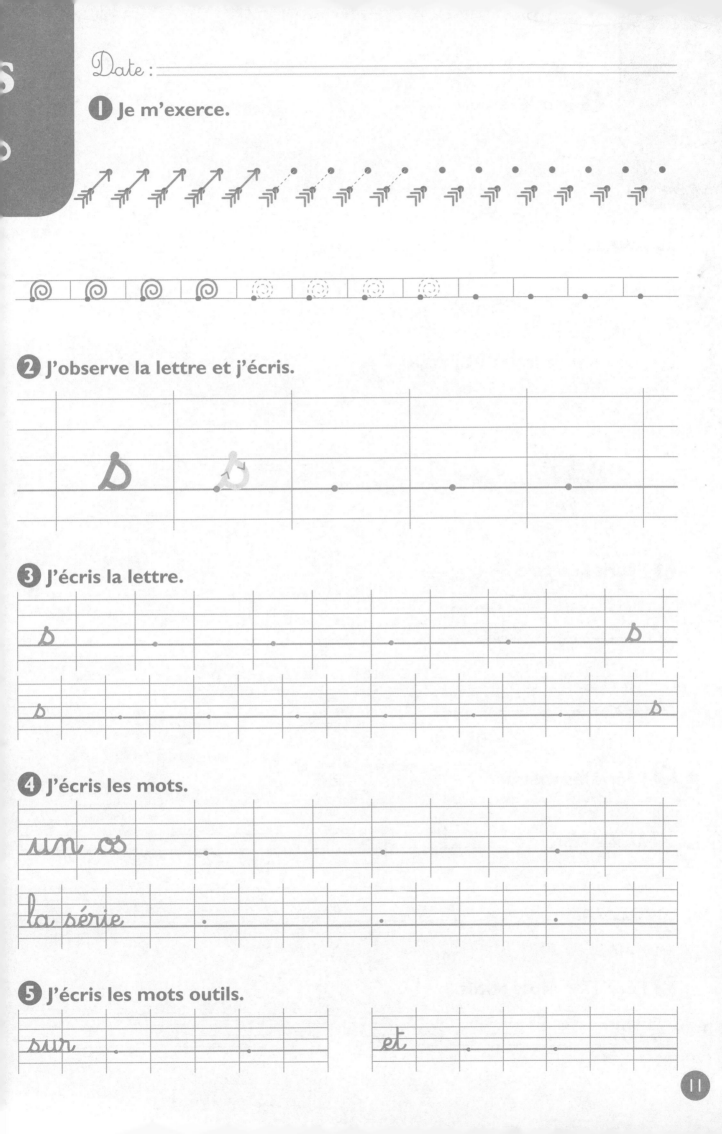

❷ J'observe la lettre et j'écris.

❸ J'écris la lettre.

❹ J'écris les mots.

un os

la série

❺ J'écris les mots outils.

sur

et

u
u

❶ Je m'exerce.

❷ J'observe la lettre et j'écris.

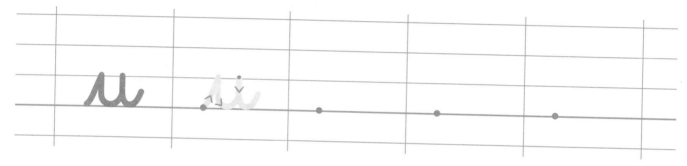

❸ J'écris la lettre.

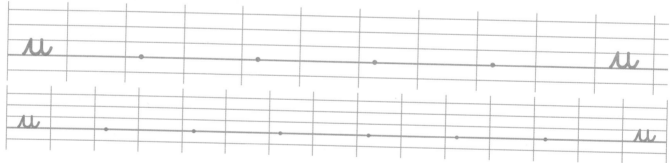

❹ J'écris les mots.

la rue

réussir

❺ J'écris les mots outils.

mais . des . la .

❶ Je m'exerce.

❷ J'observe la lettre et j'écris.

❸ J'écris la lettre.

❹ J'écris les mots.

le fil

le sofa

❺ J'écris les mots outils.

avec

en

m

m

1 Je m'exerce.

2 J'observe la lettre et j'écris.

m · m · · ·

3 J'écris la lettre.

m · · · · m

m · · · · · · m

4 J'écris les mots.

la momie · ·

le lama · ·

5 J'écris les mots outils.

ses · ·   sont · ·

n

n

1 Je m'exerce.

2 J'observe la lettre et j'écris.

n   n   •   •   •

3 J'écris la lettre.

n   •   •   •   •   n

n   •   •   •   •   •   •   n

4 J'écris les mots.

la narine   •   •

un menu   •   •

5 J'écris les mots outils.

son   •   •   à   •   •

Date : _____

❶ Je m'exerce.

❷ J'observe la lettre et j'écris.

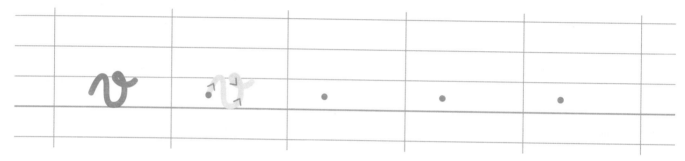

❸ J'écris la lettre.

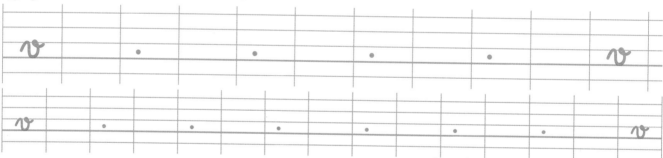

❹ J'écris les mots.

la vache

le vélo

❺ J'écris les mots outils.

les   *car*

Date :

❶ Je m'exerce.

❷ J'observe la lettre et j'écris.

❸ J'écris la lettre.

❹ J'écris les mots.

le zoo

zéro

❺ J'écris les mots outils.

comme

p

p

❶ Je m'exerce.

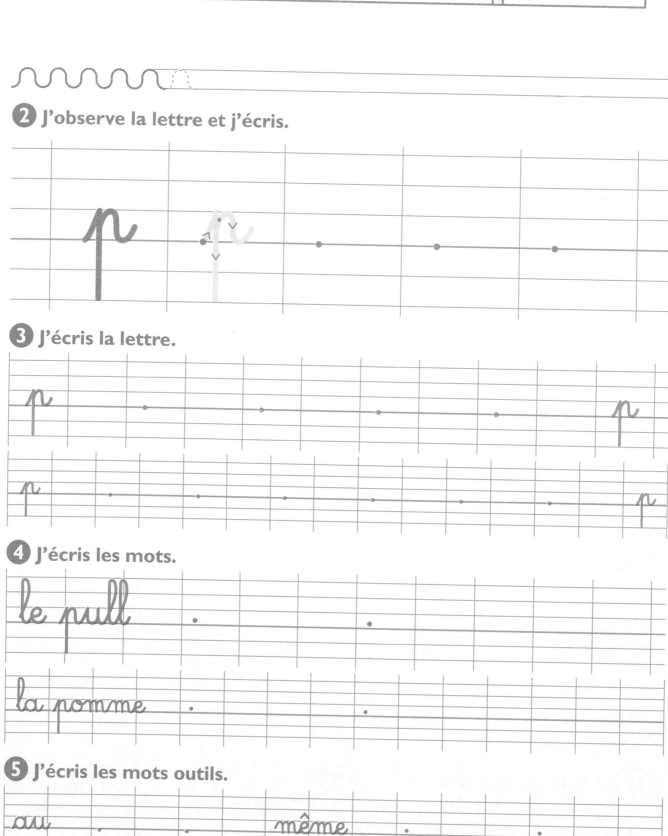

❷ J'observe la lettre et j'écris.

❸ J'écris la lettre.

❹ J'écris les mots.

le pull

la pomme

❺ J'écris les mots outils.

au   même

C
C

❶ Je m'exerce.

❷ J'observe la lettre et j'écris.

c   c

❸ J'écris la lettre.

c   c

c   c

❹ J'écris les mots.

le canapé

le cacao

❺ J'écris les mots outils.

chez   c'est

b
b

❶ Je m'exerce.

❷ J'observe la lettre et j'écris.

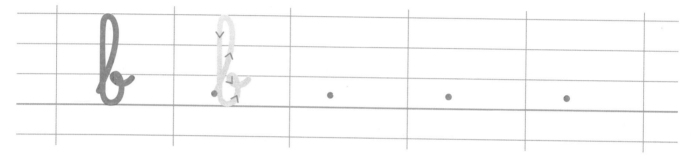

❸ J'écris la lettre.

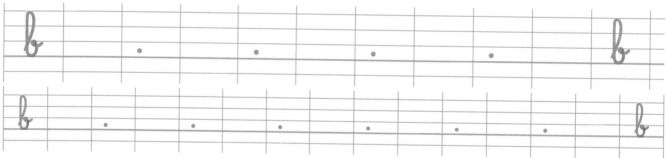

❹ J'écris les mots.

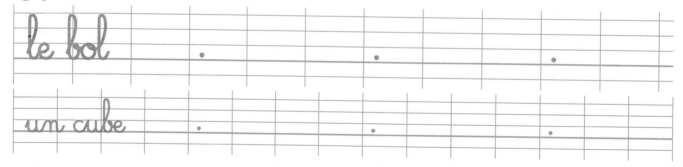

le bol

un cube

❺ J'écris les mots outils.

très   qui

Date : _____

❶ Je m'exerce.

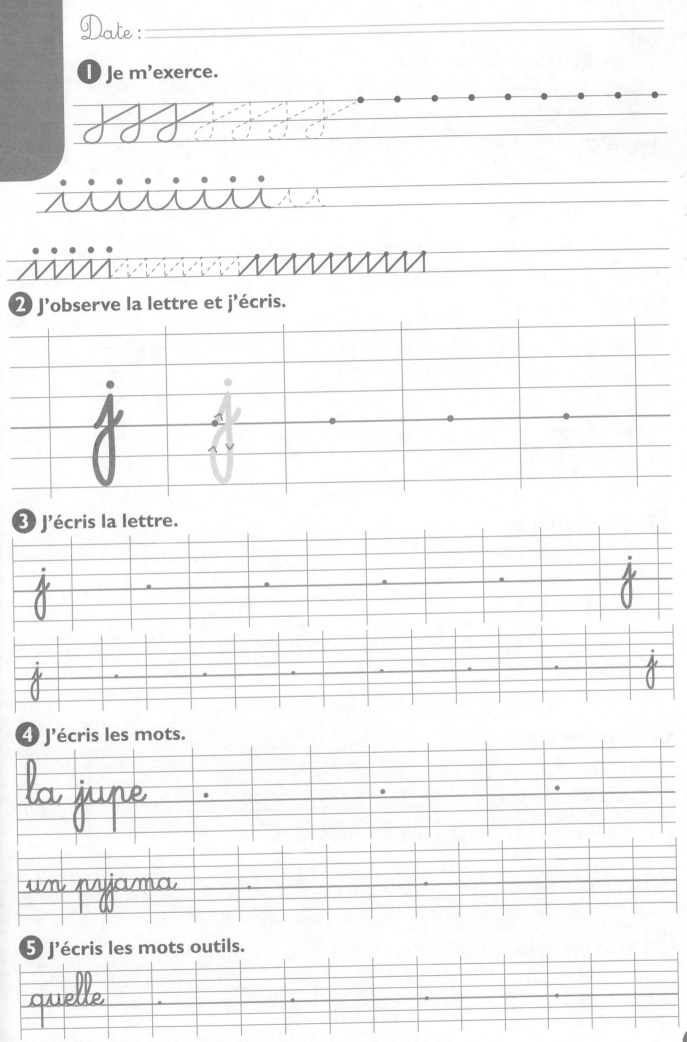

❷ J'observe la lettre et j'écris.

❸ J'écris la lettre.

❹ J'écris les mots.

la jupe

un pyjama

❺ J'écris les mots outils.

quelle

g
g

Date :

1 Je m'exerce.

2 J'observe la lettre et j'écris.

g   g

3 J'écris la lettre.

g   g

g   g

4 J'écris les mots.

Hugo

la bagarre

5 J'écris les mots outils.

toute   entre

d
d

❶ Je m'exerce.

❷ J'observe la lettre et j'écris.

d   d

❸ J'écris la lettre.

d   d

d   d

❹ J'écris les mots.

le judo

le domino

❺ J'écris les mots outils.

j'ai

tu es

t t

1 Je m'exerce.

2 J'observe la lettre et j'écris.

3 J'écris la lettre.

4 J'écris les mots.

les bottes

une tartine

5 J'écris les mots outils.

assez

h
h

Date : —————————————————

❶ Je m'exerce.

mmmmmm mmm

h h h h h h h)))

❷ J'observe la lettre et j'écris.

h h · · ·

❸ J'écris la lettre.

h · · · · h

h · · · · · · h

❹ J'écris les mots.

la hotte · ·

les haricots · ·

❺ J'écris les mots outils.

tous · · · · ·

que · · · ·

25

q

Date : _____

❶ Je m'exerce.

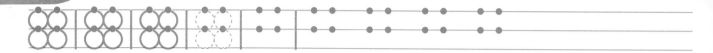

❷ J'observe la lettre et j'écris.

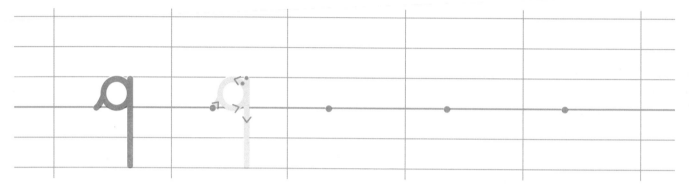

❸ J'écris la lettre.

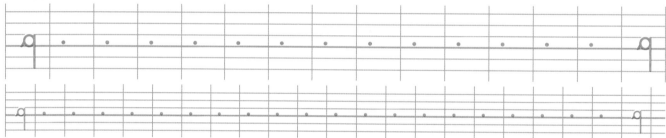

❹ J'écris les mots.

quatre

un masque

❺ J'écris les mots outils.

soudain

toujours

❶ Je m'exerce.

❷ J'observe la lettre et j'écris.

❸ J'écris la lettre.

❹ J'écris les mots.

le ski

un kimono

❺ J'écris les mots outils.

autre

vers

Date : _____

❶ Je m'exerce.

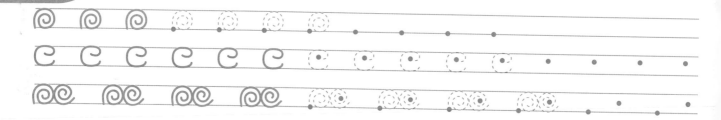

❷ J'observe la lettre et j'écris.

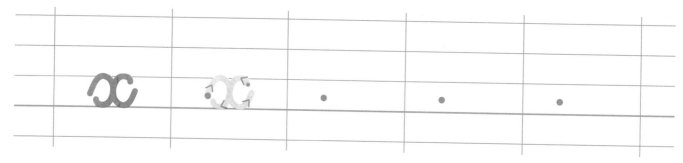

❸ J'écris la lettre.

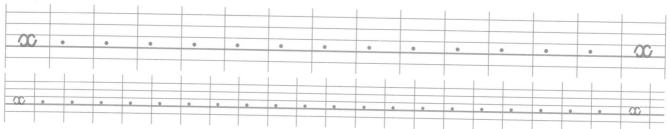

❹ J'écris les mots.

six

l'index

❺ J'écris les mots outils.

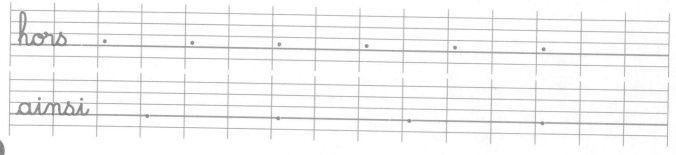

hors

ainsi

Date :

1 J'observe les lettres et j'écris.

ch *ch*

2 J'écris les lettres.

ch *ch*

3 J'écris le mot.

la ruche

Date :

1 J'observe les lettres et j'écris.

ou *ou*

2 J'écris les lettres.

ou *ou*

3 J'écris le mot.

la souris

an
en
an
en

Date :

1 J'observe les lettres et j'écris.

an an   en

2 J'écris les lettres.

an   en

3 J'écris les mots.

le volant

les parents

in
in

Date :

1 J'observe les lettres et j'écris.

in in

2 J'écris les lettres.

in   in

3 J'écris les mots.

le poussin

infini

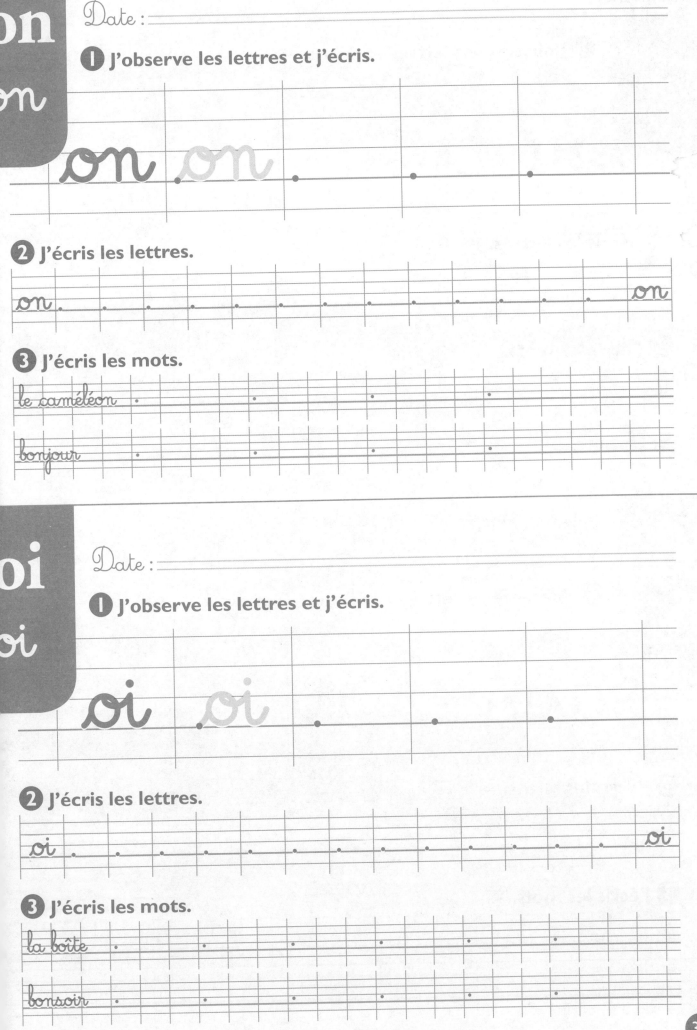

on

Date :

❶ J'observe les lettres et j'écris.

on on

❷ J'écris les lettres.

on   on

❸ J'écris les mots.

le caméléon

bonjour

oi

Date :

❶ J'observe les lettres et j'écris.

oi oi

❷ J'écris les lettres.

oi   oi

❸ J'écris les mots.

la boîte

bonsoir

oeu

oeu

❶ J'observe les lettres et j'écris.

oeu oeu

❷ J'écris les lettres.

oeu   oeu

❸ J'écris les mots.

le coeur

un noeud

---

eau

eau

❶ J'observe les lettres et j'écris.

eau   eau

❷ J'écris les lettres.

eau   eau

❸ J'écris les mots.

le chapeau

nouveau

Date : _____

❶ J'observe les lettres et j'écris.

au au

❷ J'écris les lettres.

au   *au*

❸ J'écris les mots.

jaune

haut

Date : _____

❶ J'observe les lettres et j'écris.

ain   *ein*

❷ J'écris les lettres.

ain   *ein*

❸ J'écris les mots.

la main

plein

oin

oin

1 J'observe les lettres et j'écris.

oin oin

2 J'écris les lettres.

oin   oin

3 J'écris les mots.

du foin

un point

gn

gn

1 J'observe les lettres et j'écris.

gn gn

2 J'écris les lettres.

gn   gn

3 J'écris les mots.

le peignoir

mignon

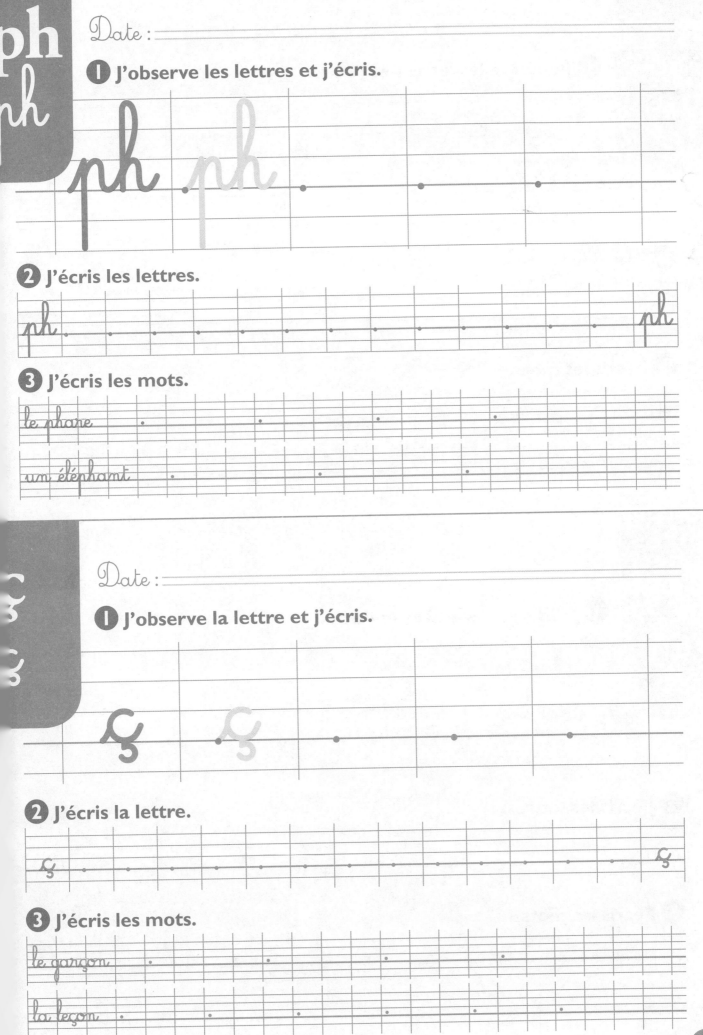

Date : _____

❶ J'observe les lettres et j'écris.

ph   ph

❷ J'écris les lettres.

ph   ph

❸ J'écris les mots.

le phare

un éléphant

Date : _____

❶ J'observe la lettre et j'écris.

ç   ç

❷ J'écris la lettre.

ç   ç

❸ J'écris les mots.

le garçon

la leçon

am

am

❶ J'observe les lettres et j'écris.

am am

❷ J'écris les lettres.

am   am

❸ J'écris les mots.

la chambre

une lampe

em

em

❶ J'observe les lettres et j'écris.

em em

❷ J'écris les lettres.

em   em

❸ J'écris les mots.

la tempête

embêter

Date : _____

① J'observe les lettres et j'écris.

im im

② J'écris les lettres.

im *im*

③ J'écris les mots.

le timbre

important

Date : _____

① J'observe les lettres et j'écris.

om om

② J'écris les lettres.

om *om*

③ J'écris les mots.

l'ombre

un nombre

Date :

❶ Je m'exerce.

❷ J'observe la lettre et j'écris.

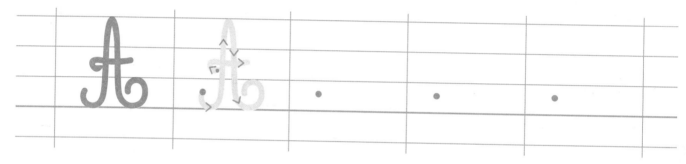

❸ J'écris la lettre.

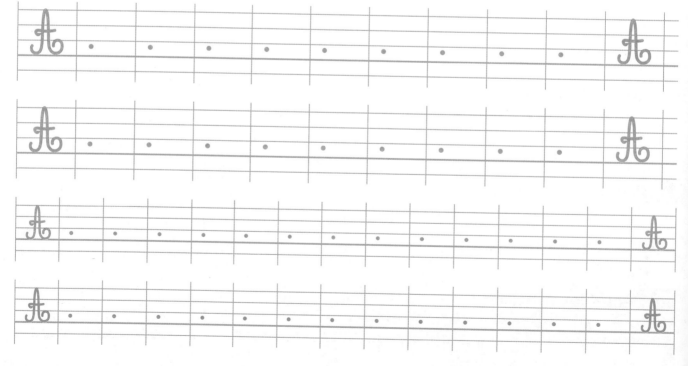

Date : _____

❶ Je m'exerce.

❷ J'observe la lettre et j'écris.

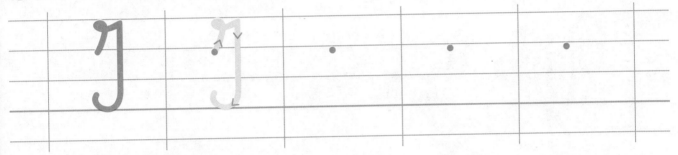

❸ J'écris la lettre.

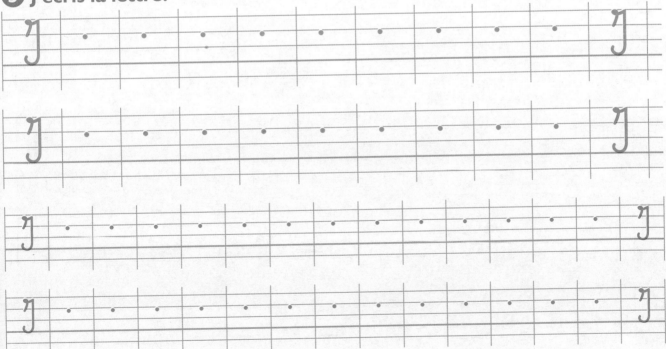

Y
y

❶ Je m'exerce.

❷ J'observe la lettre et j'écris.

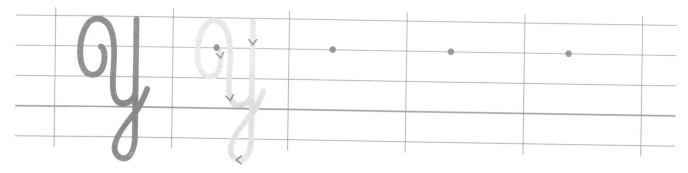

❸ J'écris la lettre.

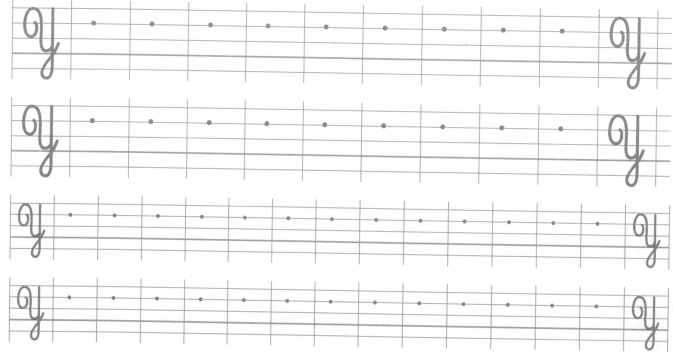

R

1 Je m'exerce.

2 J'observe la lettre et j'écris.

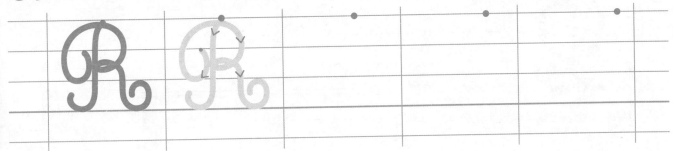

3 J'écris la lettre.

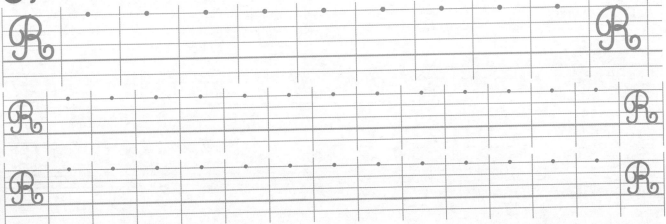

4 J'écris les phrases.

Il y a un ara.

Il ira.

L

❶ Je m'exerce.

❷ J'observe la lettre et j'écris.

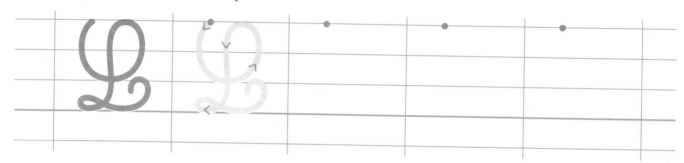

❸ J'écris la lettre.

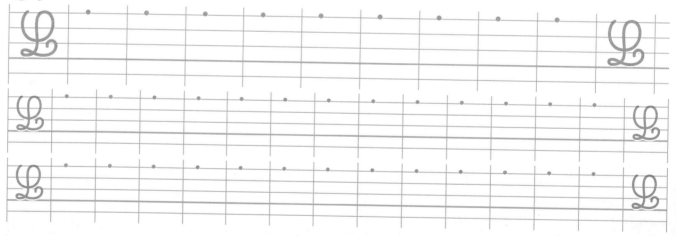

❹ J'écris le mot.

Lili

❺ J'écris la phrase.

Lili est là.

❶ Je m'exerce.

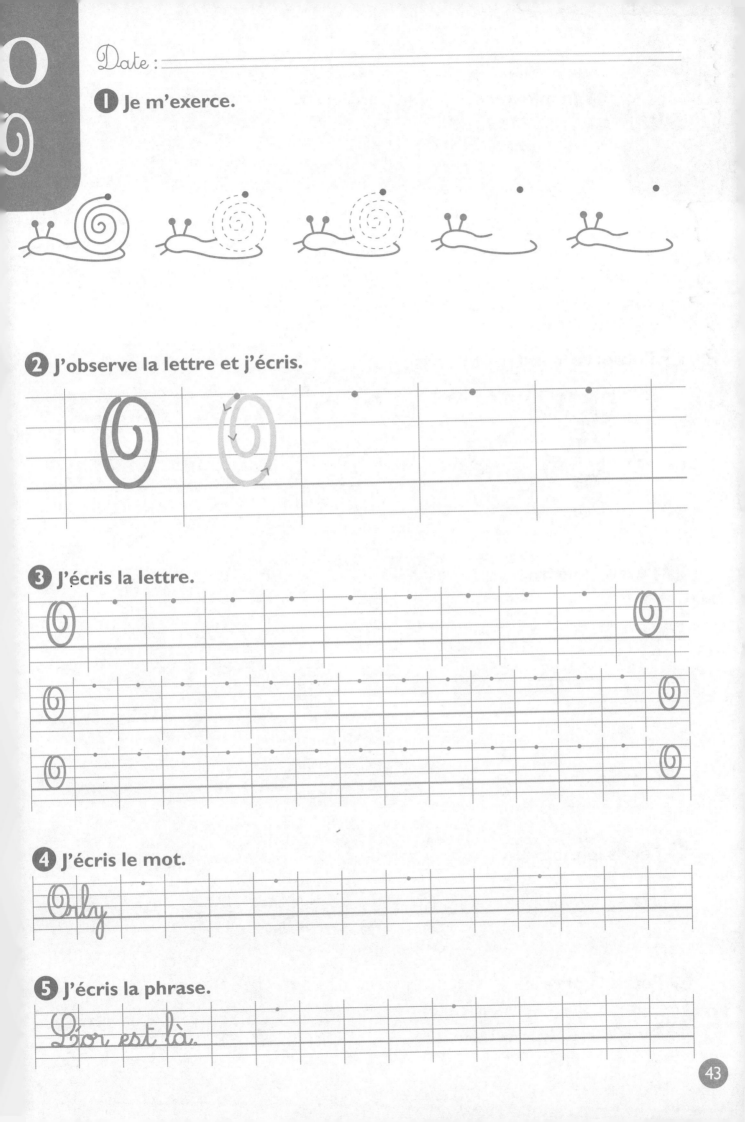

❷ J'observe la lettre et j'écris.

❸ J'écris la lettre.

❹ J'écris le mot.

Orly

❺ J'écris la phrase.

Léo est là.

Date : _____

❶ Je m'exerce.

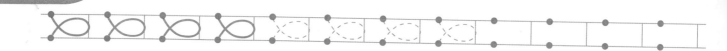

❷ J'observe la lettre et j'écris.

❸ J'écris la lettre.

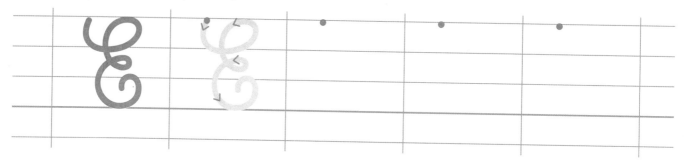

❹ J'écris le mot.

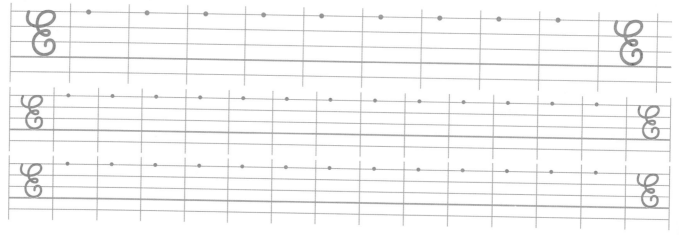

Elle

❺ J'écris la phrase.

Lili est une alliée.

Date :

❶ Je m'exerce.

❷ J'observe la lettre et j'écris.

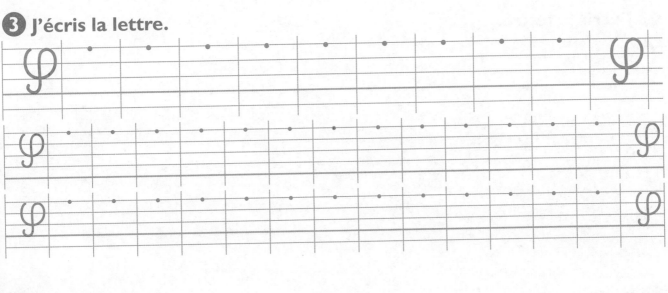

❸ J'écris la lettre.

❹ J'écris le mot.

Soraya

❺ J'écris la phrase.

Le sirop est sur le sol.

U

❶ Je m'exerce.

❷ J'observe la lettre et j'écris.

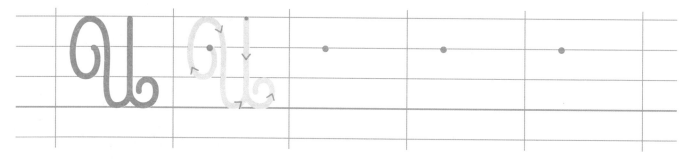

❸ J'écris la lettre.

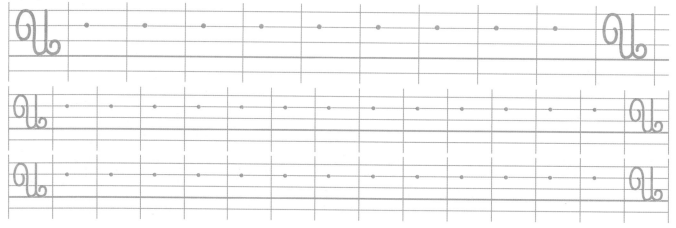

❹ J'écris le mot.

Ursule

❺ J'écris la phrase.

Lili a sué dans la rue.

Date : _____

1 Je m'exerce.

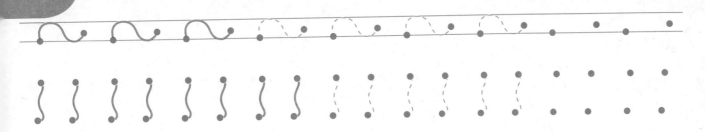

2 J'observe la lettre et j'écris.

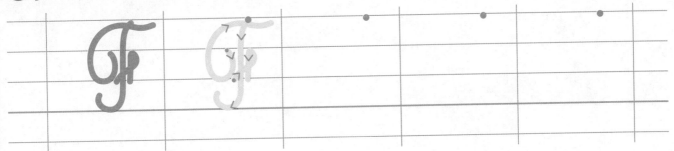

3 J'écris la lettre.

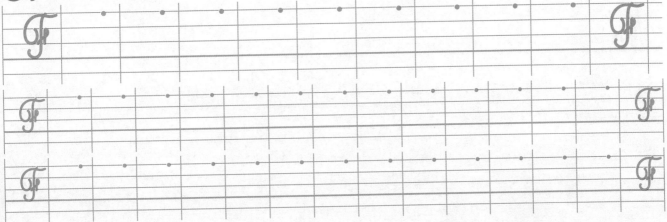

4 J'écris le mot.

𝓕ara

5 J'écris la phrase.

𝓛a fée a filé.

M M

1 Je m'exerce.

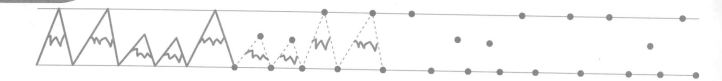

2 J'observe la lettre et j'écris.

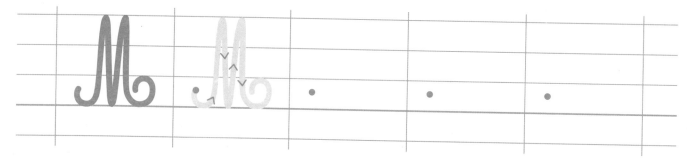

3 J'écris la lettre.

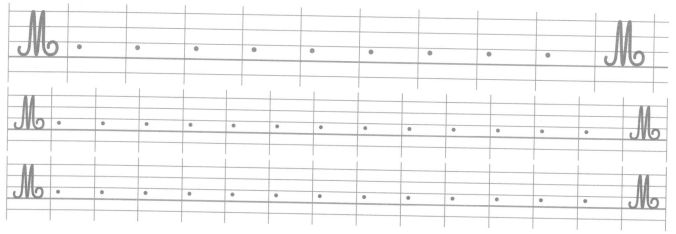

4 J'écris le mot.

Marie

5 J'écris la phrase.

Rémi a filmé un ami.

Date :

❶ Je m'exerce.

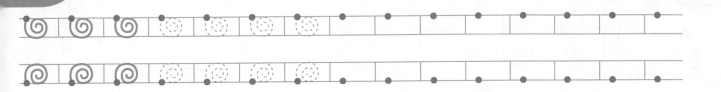

❷ J'observe la lettre et j'écris.

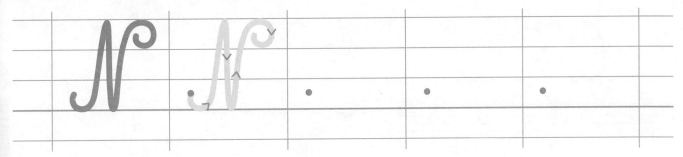

❸ J'écris la lettre.

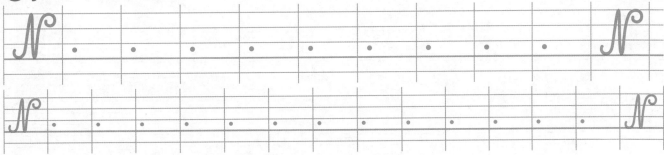

❹ J'écris le mot.

Noémie

❺ J'écris la phrase.

La lionne a fini son numéro.

V **𝒱**

Date : _____

❶ Je m'exerce.

❷ J'observe la lettre et j'écris.

❸ J'écris la lettre.

❹ J'écris le mot.

Valérie

❺ J'écris la phrase.

La sirène est revenue.

Z
Z

❶ Je m'exerce.

J L J L J L J L J L J L J L · · · · · · · ·

J L J L J L J L J L J L J L · · · · · · · ·

❷ J'observe la lettre et j'écris.

❸ J'écris la lettre.

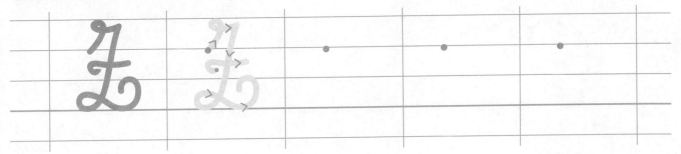

❹ J'écris le mot.

Zoé

❺ J'écris la phrase.

Le lézard est dans la rizière.

P

Date : _____

1 Je m'exerce.

2 J'observe la lettre et j'écris.

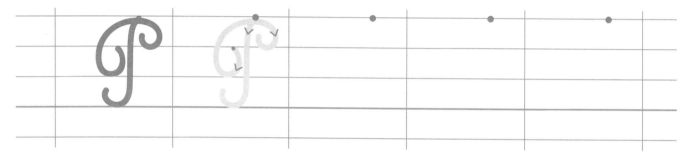

3 J'écris la lettre.

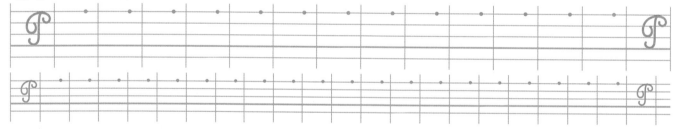

4 J'écris le mot.

Papa

5 J'écris la phrase.

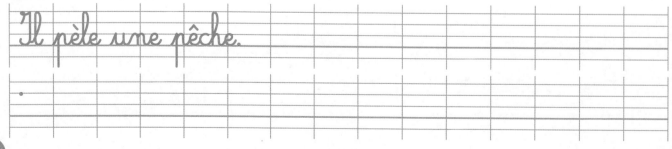

Il pèle une pêche.

C
C

1 Je m'exerce.

2 J'observe la lettre et j'écris.

3 J'écris la lettre.

4 J'écris le mot.

Coralie

5 J'écris la phrase.

Lucas va au parc.

B

❶ Je m'exerce.

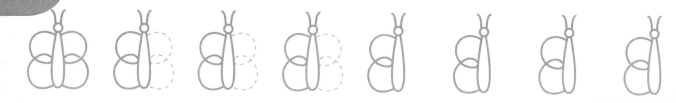

❷ J'observe la lettre et j'écris.

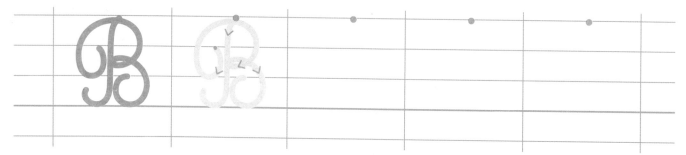

❸ J'écris la lettre.

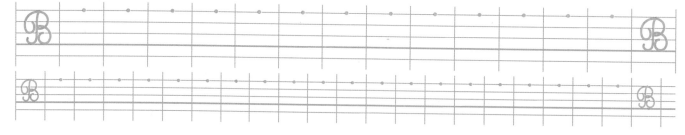

❹ J'écris le mot.

Basile

❺ J'écris la phrase.

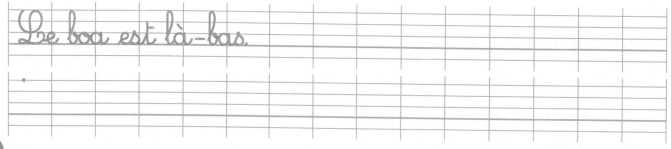

Le boa est là-bas.

Date :

❶ Je m'exerce.

❷ J'observe la lettre et j'écris.

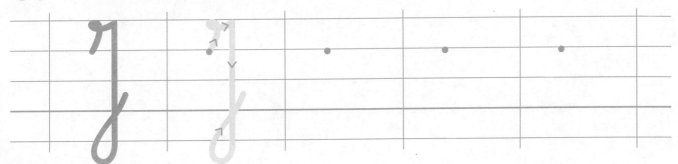

❸ J'écris la lettre.

❹ J'écris le mot.

Jules

❺ J'écris la phrase.

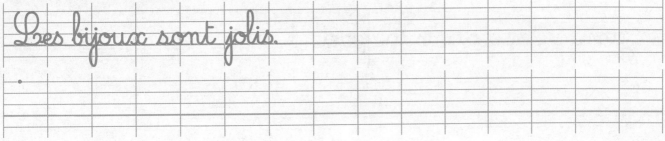

Les bijoux sont jolis.

G

❶ Je m'exerce.

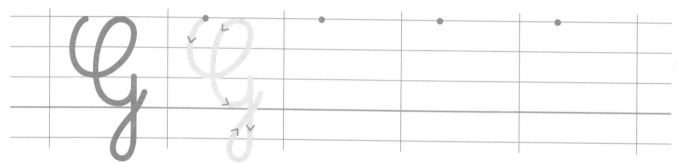

❷ J'observe la lettre et j'écris.

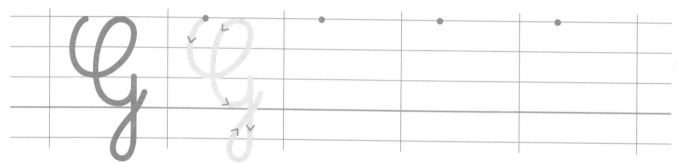

❸ J'écris la lettre.

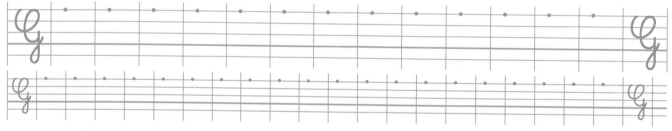

❹ J'écris le mot.

Gaël

❺ J'écris la phrase.

Gary galope dans la forêt.

Date : _____

❶ Je m'exerce.

❷ J'observe la lettre et j'écris.

❸ J'écris la lettre.

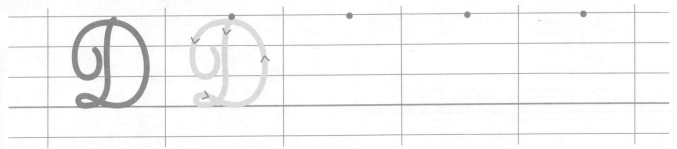

❹ J'écris le mot.

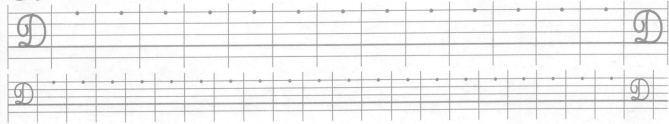

David

❺ J'écris la phrase.

Dora vide son caddie.

T
T

❶ Je m'exerce.

❷ J'observe la lettre et j'écris.

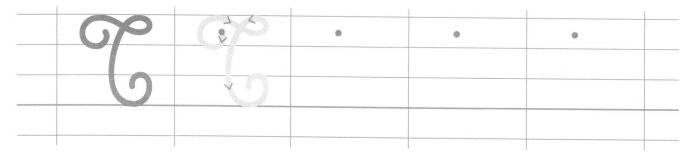

❸ J'écris la lettre.

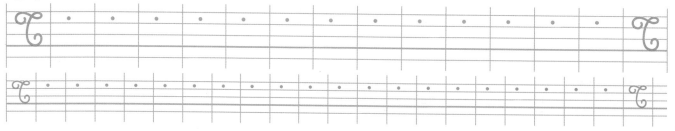

❹ J'écris le mot.

le Togo

❺ J'écris la phrase.

La tortue lève la tête.

Date :

❶ Je m'exerce.

JC JC JC JC JC JC JC JC JC

JC JC JC JC JC JC JC JC JC

❷ J'observe la lettre et j'écris.

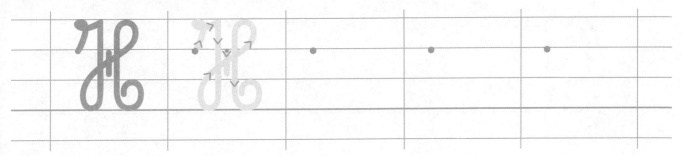

❸ J'écris la lettre.

❹ J'écris le mot.

Hugo

❺ J'écris la phrase.

Le héros est honnête.

Date : _____

❶ Je m'exerce.

❷ J'observe la lettre et j'écris.

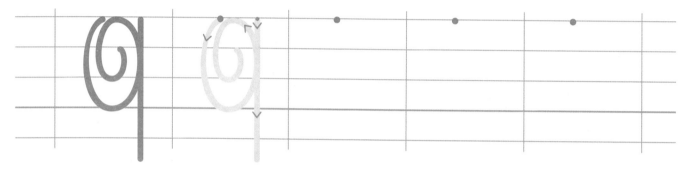

❸ J'écris la lettre.

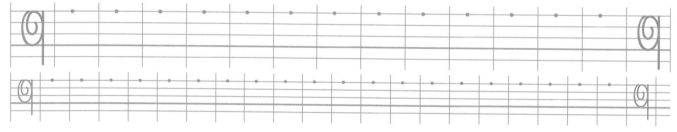

❹ J'écris le mot.

Quentin

❺ J'écris la phrase.

À qui est cette remorque ?

K

❶ Je m'exerce.

❷ J'observe la lettre et j'écris.

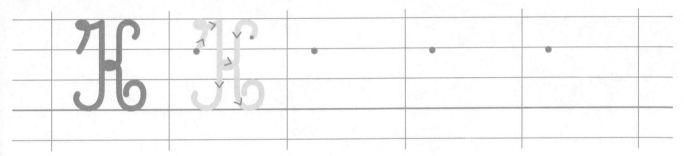

❸ J'écris la lettre.

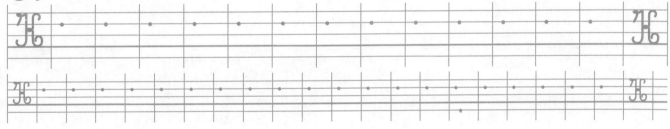

❹ J'écris le mot.

Karim

❺ J'écris la phrase.

Je porte un kimono.

X

❶ Je m'exerce.

❷ J'observe la lettre et j'écris.

❸ J'écris la lettre.

❹ J'écris le mot.

Xavier

❺ J'écris la phrase.

Le médecin vérifie les réflexes.

Les chiffres

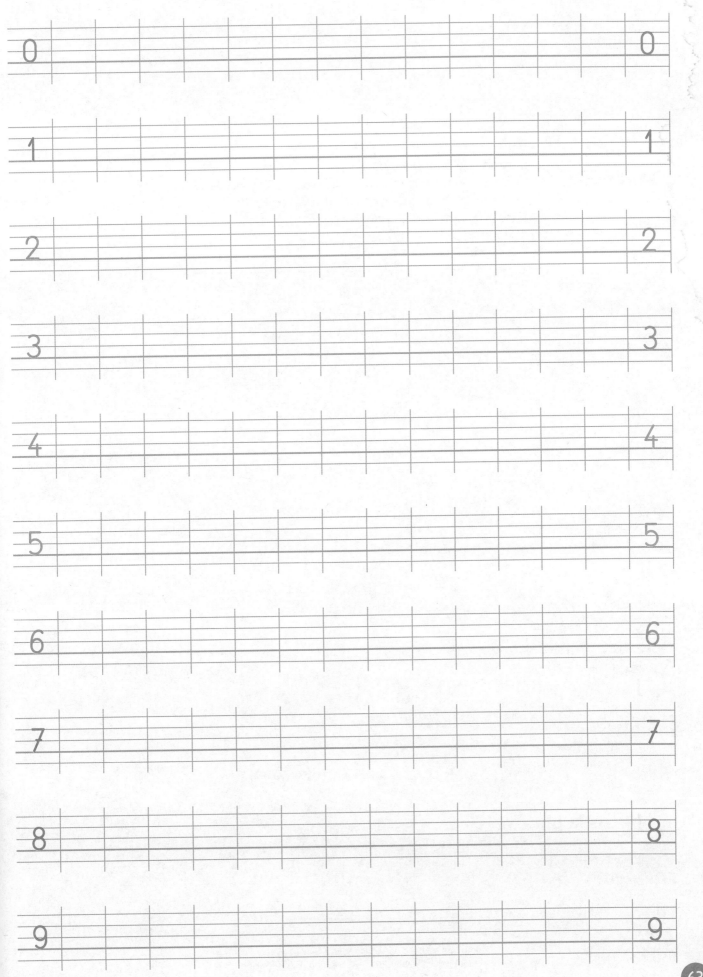

Édition : Delphine DEVEAUX
Création de la maquette de couverture : Florence LE MAUX
Illustration de la couverture : Patrick CHENOT
Mise en pages : TYPO-VIRGULE
Illustrations (frises) : Gilles POING
Fabrication : Marc CHALMIN

Imprimé en Italie par «La Tipografica Varese Srl», Varese
Dépôt légal : Février 2021 - Collection n° 23 - Édition n° 09
62/9820/0